DISHI GONGDIAN QIYE YUANGONG
SHEHUI BAOZHANG GONGZUO SHOUCE

地市供电企业员工
社会保障工作手册

主编　王岩／副主编　彭坤　韩慧中

中国电力出版社
CHINA ELECTRIC POWER PRESS

内容提要

为帮助企业社保管理人员准确掌握社保工作流程、熟练把握工作要求，进一步提升社保管理规范化、专业化、正规化业务水平，结合工作实务，编写了《地市供电企业员工社会保障工作手册》。本书系统梳理业务流程、全面整合政策条款、精准细化风险提示，涵盖养老保险政策及实务、工伤保险政策及实务、失业保险政策及实务、基本医疗保险政策及实务、生育保险政策及实务、公积金政策及实务、意外伤害险政策及实务等内容。

本书可作为从事企业社会保险管理人员的实用工具书。

图书在版编目（CIP）数据

地市供电企业员工社会保障工作手册 / 王岩主编；
彭坤，韩慧中副主编. -- 北京：中国电力出版社，
2025．5．-- ISBN 978-7-5198-9899-1

Ⅰ．F426.61-62

中国国家版本馆 CIP 数据核字第 20253E2Z72 号

出版发行：中国电力出版社
地　　址：北京市东城区北京站西街 19 号（邮政编码 100005）
网　　址：http://www.cepp.sgcc.com.cn
责任编辑：邓慧都
责任校对：黄　蓓　郝军燕
装帧设计：郝晓燕
责任印制：石　雷

印　　刷：廊坊市文峰档案印务有限公司
版　　次：2025 年 5 月第一版
印　　次：2025 年 5 月北京第一次印刷
开　　本：710 毫米 ×1000 毫米　16 开本
印　　张：7.25
字　　数：64 千字
定　　价：40.00 元

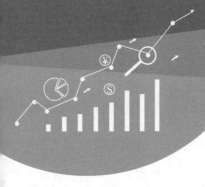

编委会

前　言

　　社会保障是指国家通过立法，积极动员社会各方面资源，保证无收入、低收入以及遭受各种意外灾害的公民能够维持生存，保障劳动者在年老、失业、患病、工伤、生育时的基本生活不受影响。社会保障是民生安全网、社会稳定器，与人民幸福安康息息相关，关系国家长治久安。党的二十大对促进我国社会保障事业高质量发展提出新要求，目前我国社会保障改革已进入系统集成、高效协同发展阶段。

　　为确保更多企业社保管理人员准确掌握社保工作流程、熟练把握工作要求，进一步提升社保管理规范化、专业化、正规化业务水平，结合工作实务，编者们系统梳理业务流程、全面整合政策条款、精准细化风险提示，编制涵盖养老保险政策及实务、工伤保险政策及实务、失业保险政策及实务、基本医疗保险政策及实务、生育保险政策及实务、公积金政策及实务、意外伤害险政策及实务等保障内容的《地市供电企业员工社会保障工作手册》，为嘉兴市范围内的社会保险管理人员提供专业实用的工具书，有效实现横纵向资源共享。

　　社会保险政策性强、涉及面广，限于编者水平和经验，书中难免存在疏漏，恳请批评指正。

编者

2024 年 11 月

目 录

前言

第一章 养老保险政策及实务

一、基本养老保险基本情况

（一）基本养老保险基本介绍

基本养老保险是国家依据相关法律法规规定，为解决劳动者在达到国家规定的解除劳动义务的劳动年龄界限或因丧失劳动能力而退出劳动岗位后而建立的一种保障其基本生活的社会保险制度。目的是以社会保险为手段来保障老年人的基本生活需求，为其提供稳定可靠的生活来源。基本养老保险实行社会统筹与个人账户相结合，基金由用人单位和个人缴费以及政府补贴等组成，实行社会互济。

（二）基本养老保险实施对象

与公司建立劳动关系、签订劳动合同，并依法参加基本养老保险的职工，符合国家规定条件退休（退职）并已参加基本养老保险的退休（退职）人员。

（三）基本养老保险业务内容

在职人员增减员变动、参保人员信息变更、养老保险关系转移接续、人员退休（退职）、死亡待遇申报等。

（四）缴费基数、缴费比例

每年参保单位需根据职工上年度工资收入对本单位养老保险缴费基数进行调整并在"浙江电子税务局"系统中申报，待在岗职工平均工资公布后，由社会保险经办机构按规定程序将参保单位申报的缴费工资核定入库，并做"上封顶、下保底"处理（上封顶、下保底金额以社会保险经办机构发文为准）。

启用新缴费基数后，单位需做好补收、补退工作，与启用当月的基金收缴一并结算。养老保险比例按照浙江省社会保险经办机构确定的费率执行。目前，养老保险单位部分缴费比例为16%，社会化服务资金缴费比例为0.5%，养老个人部分缴费比例为8%。

二、基本养老保险业务经办

基本养老保险相关业务需根据业务类别登录浙江省政务服务网中社会保险网报系统或浙江电子税务局系统中办理，主要包括职工增减员变动、职工参保信息变更、养老保险关系转移接续、退休（退职）待遇及申报、养老保险死亡待遇及申报等。

（一）职工增减员变动

1. 人员增加

因招聘、跨单位组织调入、接收毕业生和复转军人等事项发生人员增加的，社会保险管理人员应在用工之日起 30 日内为职工申请办理社会保险登记，参保时间原则上与劳动合同签订时间保持一致，参保操作一般需在每月月底前完成。

社会保险管理人员登录社会保险网上业务平台进行人员新增操作，可单个员工信息录入，也可以人员批量新增参保，需要维护的信息主要有姓名、性别、身份证号、户口性质、户籍地址、电话号码、参保时间等内容，并在参保当月月底前在浙江电子税务局系统中申报缴费工资。

办理参保申报手续前，应与职工原参保单位进行衔接沟通，避免职工参保时间发生中断。应核查新增职工进入本单位前的参保情况，对重复缴费或漏缴的，通知员工本人联系原单位或原社会保险经办机构办理退费或补缴。如需办理社会保险关系转移接续，应通知员工本人及时办理转移接续手续。

完成人员新增操作后，应确认该业务操作是否成功，并建立工作台账。如网上业务平台无法申报、单位社会保险管理人员因故错过申报期等情况，应准备新增人员的劳动合同、工资发放证明、身份证复印件、单位情况说明、社会保险参保职工新增表等材料及时到社会保险经办机构窗口现场办理。

2. 人员减少

因解除或终止劳动合同、跨单位调动、在职死亡等事项发生职工减少的，社会保险管理人员办理社会保险终止缴费手续。

办理终止缴费申报手续前，应核查减少职工历史缴费记录完整性，并与职工新参保单位进行衔接沟通，建立工作台账，告知职工个人账户情况和社保关系转移事项，避免职工参保时间发生中断。单位社会保险管理人员在完成人员减少操作后，应确认该业务操作是否成功。如不成功，应及时联系社保机构人员处理或窗口办理。

（二）职工参保信息变更

职工的基本信息如姓名、身份证号码等发生变更时，本人或单位社会保险管理人员须提前备好《社会保险参保职工信息变更登记表》和相关证明材料（如户口本、身份证复印件等）到社会保险经办机构及时变更，以免影响其社保待遇。

（三）缴费申报

养老保险缴费包括个人缴费和单位缴费，其中：

个人缴费为单位所有职工个人缴费基数乘以缴费比例之和。

单位缴费分为两部分，分别是正常缴费和社会化缴费。正常缴费部分按照职工个人缴费基数 ×16% 后求和计算，社会化缴费按照所有在职职工缴费基数之和 ×0.5% 计算。

社保经办人员可于次月 1 日，进入浙江电子税务局系统中查询当月养老保险缴费情况和明细并进行核对。

（四）养老保险支付申请

1. 养老保险缴费计提：由薪酬经办人员在 ERP 系统薪酬模块"经常性支付/扣除"项中维护个人月度缴费金额，在 ERP 人资集中部署系统薪酬管理模块批量导入系统，作为个人月度基本养老保险的扣款金额。此外，每月月底社保经办人员须在 ERP 保险核算模块（Z00HRXC0012）输入养老保险的缴费基数、缴费比例，自动计算出缴费金额后，完成养老保险单位缴费金额计提核算操作。

2. 集中支付：养老保险缴纳采用省公司集中支付、分公司统一列转、子公司自行支付的管理模式。地市公司和县公司由省公司进行集中支付，会计凭证由省公司统一处理，并通过内部往来将集中支付的资金列转，地市和县公司需根据省公司下发的金额进行确认，如有不一致的情况可以协商修改，主业派驻和老集体的代缴资金由主业负责收回并记账。

（五）养老保险关系转移接续

因浙江省养老保险实行省级统筹制度，省内人员调动无需办理转移接续业务，员工在退休前由其退休所在社保经办机构实施养老保险相关信息归集即可。参保人员跨省流动就业的，需办理养老保险转移接续手续，其基本养老保险关系应随同转移到新参保地。参保人员达到基本养老保险待遇领取条件的，其在各地的参保缴费年限合并计算，个人账户储存额（含本息，下同）累计计算。

1. 跨省流动就业人员办理转移接续手续的条件

（1）参保人员返回户籍所在地（指省、自治区、直辖市，下同）就业参保的，户籍所在地的相关社保经办机构应为其及时办理转移接续手续。

（2）参保人员未返回户籍所在地就业参保的，由新参保地的社保经办机构为其及时办理转移接续手续。但对男性年满50周岁和女性年满40周岁的，应在原参保地继续保留基本养老保险关系，同时在新参保地建立临时基本养老保险缴费账户，记录单位和个人全部缴费。参保人员再次跨省流动就业或在新参保地达到待遇领取条件时，将临时基本养老保险缴费账户中的全部缴费本息，转移归集到原参保地或待遇领取地。

（3）参保人员经县级以上党委组织部门、人力资源社会保障行政部门批准调动，且与调入单位建立劳动关系并缴纳基本养老保险费的，不受以上年龄规定限制，应在调入地及时办理基本养老保险关系转移接续手续。

2. 转移接续办理流程

人力资源和社会保障部已建立全国基本养老保险关系转移信息系统，转入地和转出地社会保险经办机构已与该系统联网的，通过该系统进行有关基本养老保险关系转移信息交换，实现全程无纸化办理。需办理基本养老保险关系转移接续的参保人员，可通过全国社会保险公共服务平台（http://si.12333.gov.cn）网上办理或通过掌上12333 App、支付宝办理。

（六）基本养老保险重复缴费退费业务

参保人员在两地以上同时存续基本养老保险关系或重复缴纳基本养老保险费的，单位社保经办人员应及时与所属社保管理人员沟通，按要求完成重复缴费清理工作。

省社保：参保人员接续以后，社保经办机构将《参保人员清退城镇职工社会保险费申请核定表》寄给单位经办人；由职工本人选择清退哪段重复交费记录，单位盖公章后寄还社保经办机构；社保经办机构在网上业务系统进行退费，并将《基本养老保险重复缴费个人账户清算申请表》寄还单位，退费金额单位部分以减少征收的方式计入单位当月业务结算；退费金额个人部分退还职工个人。

嘉兴地区各县区社保重复缴费退费业务办理流程不尽相同，单位社保专职应及时与地方社保沟通，协同员工及时办理退费业务。

（七）退休（退职）待遇及申报

因职工到达法定退休年龄，应根据退休待遇领取地社会保险经办机构的要求办理在职转退休申报手续。

1. 领取退休（退职）待遇的条件

参加基本养老保险的个人，达到法定退休年龄时累计缴费满15年的，按月领取基本养老金。参加基本养老保险的个人，达到法定退休年龄时累计缴费不足15年的，可以缴费至满15年，按月领取基本养老金；也可以转入新型农村社会养老保险或者城镇居民社会养老保险，按照国务院规定享受相应的养老保险待遇。

根据国家最新规定，从 2030 年 1 月 1 日起，按照每年提高 6 个月的节奏，将职工按月领取基本养老金最低缴费年限由 15 年逐步提高至 20 年。

职工达到法定退休年龄但不满最低缴费年限的，可以按照规定通过延长缴费或者一次性缴费的办法达到最低缴费年限，按月领取基本养老金。

2.退休时间的确定

（1）国家法定退休年龄。当前，国家法定退休年龄为男性年满 60 周岁，女干部年满 55 周岁，女工人年满 50 周岁。根据《全国人民代表大会常务委员会关于实施渐进式延迟法定退休年龄的决定》（2024 年 9 月 13 日第十四届全国人民代表大会常务委员会第十一次会议通过），从 2025 年 1 月 1 日起，男职工和原法定退休年龄为 55 周岁的女职工，法定退休年龄每四个月延迟一个月，分别逐步延迟至 63 周岁和 58 周岁；原法定退休年龄为 50 周岁的女职工，法定退休年龄每两个月延迟一个月，逐步延迟至 55 周岁。

社保专职至少应在职工退休前 1 个月在浙江政务网发起退休时间申请流程，根据要求填写相关信息，上传员工签字的退休时间申请表。

另外，职工达到最低缴费年限，可自愿选择弹性提前退休，提前时间最长不超过三年，且退休年龄不得低于女职工 50 周岁、55 周岁及男职工 60 周岁的原法定退休年龄。职工达到法定退休年龄，所在单位与职工协商一致的，可以弹性延迟退休，延迟时间最长不超过 3 年。国家另有规定的，从其规定。

（2）特殊工种提前退休（退职）。从事井下、高空、高温、特别繁重体力劳动或者其他有害身体健康（简称特殊工种）的工作，退休年龄为男年满 55 周岁、女年满 45 周岁。按特殊工种退休条件办理退休的职工，从事高空和特别繁重体力劳动的必须在该工种岗位上工作累计满 10 年，从事井下和高温工作的必须在该工种岗位上工作累计满 9 年，从事其他有害身体健康工作的必须在该工种岗位上工作累计满 8 年。

因不具备退休条件，由医院证明，并经劳动鉴定委员会确认，完全丧失劳动能力的工人，应该退职。

以电力系统为例，对已经调换工种的职工，原则上按现工种退休年龄的规定执行。如本人申请，达到上述文件规定的，也可以按特殊工种提前退休。

（3）出生年月认定。对职工出生时间的认定，实行居民身份证与职工档案相结合的办法。当本人身份证与档案记载的出生时间不一致时，按照"最早最先"的原则，以本人档案中最早的一份有效材料记载的出生时间为准。其中，对于 1986 年 1 月后建档的材料中出生年月如与身份证出生年月不一致，应以身份证出生年月为准。

3. 退休（退职）手续办理

（1）信息收集及核查。提前收集退休人员退休相关信息，如出生年月、参加工作年月、工作履历等，并核查职工历史缴费记录，确认记录完整性，如有在不同地区参保或参保关系尚未转入的人员，应提前完成转移接续或相关养老保险归集业务。

职工办理退休，应提前填写《参保人员达到法定退休年龄领取基本养老保险待遇资格确认表》《参保人员基本养老保险视同缴费年限核准表》《参保人员基本养老保险合同制缴费年限核定表》，按照通知要求将拟办理退休人员的相关材料按半年度报省公司人力资源部，同时提交以下材料：

1）职工身份证复印件。

2）职工档案。

3）女职工因"专业技术"原因办理退休的，还需提供专业技术人员资格证书复印件和单位出具的岗位属性说明，并加盖单位公章。

4）特殊工种提前退休，还应提供：《企业职工特殊工种提前退休审批表》《职工从事特殊工种提前退休"公示"反馈表》；职工本人申请选择按特殊工种办理提前退休的书面意见。

（2）退休（退职）申报。职工办理退休，需提前1个月通过社会保险经办机构的网上业务平台进行"退休一件事"申报。申报时应仔细核对退休人员的视作缴费年限、实际缴费年限与退休审批材料是否一致，退休人员基本信息是否正确，退休人员相关信息填报是否完整。如其缴费年限未达到规定年限无法办理退休的，可以按相关规定办理延缴。

（3）信息反馈。社会保险经办机构审核通过后，应再次核对退休人员各项信息，并将退休信息、相关资料给离退休管理人员、薪酬管理人员和人事档案管理人员并做好资料归档。

（4）退休人员的社会化。职工办理退休手续后，其管理服务工作与原单位分离，养老金实行社会化发放，人员移交街道（乡镇）和社区实行属地管理，由社区提供相应的管理服务。同时，单位需在规定时限内将其档案及属地要求的其他相关材料移交至所属街道或社区等机构。嘉兴地区已全域实行退休人员社会化，其中全民、老集体职工退休后，社保经办人员应及时将职工退休相关审批表归入其人事档案，人事档案管理人员应及时开展重要材料数字化留存工作，并按照属地要求整理后移交相关档案管理部门。

4.养老保险死亡待遇及申报

（1）参保人员在职死亡待遇申报。在职职工因病或非因工死亡的，其法定继承人可申领养老保险个人账户余额，其遗属可以申领丧葬补助金和抚恤金。

参保人员死亡次月，社保管理人员应登录社会保险经办机构网上业务平台进行人员减少申报操作。

同时确认在职死亡人员的缴费年限，填报《达到法定退休年龄前终止参保关系待遇申请表》，上传死亡证明复印件。

（2）离退休人员死亡待遇申报。离退休人员死亡，其遗属可以申领丧葬补助金和抚恤金，如个人账户尚未发放完的，返还剩余个人账户余额；符合纳入供养直系亲属补助范围条件的，可以申请生活困难补助费。

离退休人员死亡后及时在社会保险经办机构网上业务平台上进行申报并上传相应佐证材料，包括死亡证明或注明死亡时间的火化证明。已实行退休人员社会化移交的地区，家属还需向社区提交相关材料。

（3）丧葬抚恤金的发放标准。丧葬补助金的标准，按照参保人员死亡时本省（自治区、直辖市）上一年度城镇居民月人均可支配收入的 2 倍计算。

抚恤金的发放标准按以下办法确定：

1）在职人员：以死亡时本省上年度城镇居民人均可支配收入为基数，根据本人的缴费年限（包括实际缴费年限和视同缴费年限，下同）确定发放月数。

缴费年限不满 5 年的，发放月数为 3 个月；

缴费年限满 5 年不满 10 年的，发放月数为 6 个月；

缴费年限满 10 年不超过 15 年（含 15 年）的，发放月数为 9个月；

缴费年限满 15 年以上的，每多缴费 1 年，发放月数增加 1 个月；

缴费年限 30 年以上的，按照 30 年计算，发放月数最高为 24个月。

2）退休人员：以死亡时本省上年度城镇居民人均可支配收入为基数，根据本人在职时的缴费年限确定最高发放月数，计算发放与在职人员相同，每领取一年养老金减少 1 个月，发放月数最低为 9 个月。

累计缴费年限不足 5 年的，其遗属领取待遇标准不超过其个人缴费之和。

（4）离退休人员供养直系亲属待遇及申报。参加企业职工基本养老保险的人员，因病或非因工死亡，其供养亲属可以享受生活困难补助费（国家层面文件中规定为一次性救济费）。

其中，2021 年 9 月 1 日及以后死亡的国有企业职工，其遗属生活困难补助费由原单位承担并负责发放，如原单位已不存在的，由原单位的主管部门承担并负责发放，现既无单位又无主管部门的，由当地人力社保部门负责发放，所需经费由当地财政承担；2021 年 9 月 1 日前死亡的国有企业职工，其遗属生活困难补助费按原渠道发放和列支。

单位社保经办人员须通知供养人员提供身份证复印件、本人申请书、户籍证明复印件、无收入证明、死亡离（退）休人员直系亲属关系证明等其他相关资料，审核无误后，上报至上级单位管理部室。经审核通过后，可按月发放困难补助费。

5. 其他需说明的情况

（1）视同缴费年限。视同缴费年限是指职工在实行基本养老保险个人缴费之前，按国家规定计算的连续工作年限。通过审核职工人事档案，符合相关条件的下列情况工龄可计算为"视同缴费年限"，计入职工工龄并增加退休金：在人民解放军、武警部队服役，乡村医生（赤脚医生），民办教师，上山下乡、或支援、或去建设兵团，1993 年以前在公司系统内部或其他国家机关、国有企事业单位工作的原国家干部和全民固定职工的工作年限。

（2）女职工因"专业技术"原因办理退休。根据省公司要求，自 2017 年 2 月 1 日起，达到 45 周岁的原工人身份女职工，必须在年满 50 周岁前，聘用到干部（技术）岗位连续工作满 5 年，才能在到达 50 周岁时，选择 50 周岁退休或者 55 周岁退休。

（3）硕（博）士工龄认定。在国内获得硕士博士学位的毕业研究生，其研究生阶段工龄年限需要综合考虑攻读时间和学制（学习年限）。攻读时间以毕业证书中的攻读时间为准。学位证时间与毕业证时间一致的，其攻读硕士博士研究生期间才能计算工龄年限，对学位证与毕业时间不一致的，需查阅其档案中《申请学位论文答辩记录表》中答辩通过时间，答辩通过时间在毕业证书之前的，才能认定工龄年限。

三、基本养老保险退休待遇领取

1. 基本养老金组成

基本养老金由统筹养老金和个人账户养老金组成。基本养老金根据个人累计缴费年限、缴费工资、当地职工平均工资、个人账户金额、城镇人口平均预期寿命等因素确定。

根据参保时间和退休时间，可将领取待遇的参保人员分为老人、中人和新人。老人，是指基本养老保险制度改革之前已经办理退休的人员。中人，是指基本养老保险制度改革之前参加工作，改革之后退休的人员，即 1997 年 12 月 31 日以前参加工作、1998 年 1 月 1 日以后退休的职工。新人，是指基本养老保险制度改革之后参加工作的人员，即 1998 年 1 月 1 日以后参加工作的职工。

老人、中人、新人的养老金组成项目见表 1-1。

表 1-1　　　　老人、中人、新人的养老金组成项目

养老金组成项目	老人	中人	新人
基础养老金	√	√	√
过渡性养老金	√	√	
个人账户养老金		√	√
过渡性调节金		√	
基本养老金补贴		√	√

基础养老金＝（当地上年度在岗职工月平均工资＋本人指数化月平均缴费工资）÷2×累计缴费年限×1%。

过渡性养老金＝参保人员退休时全省上一年度在岗职工月平均工资×1997年底前平均缴费工资指数×1997年底前本人缴费年限（含视同缴费年限）×1.4%。

个人账户养老金＝个人账户储存额÷计发月数。

过渡性调节金＝基准调节金＋本人平均缴费工资指数×缴费年限×调节系数。

养老金补贴为150元/月。

此外，为适当提高企业退休（退职）人员纳入社区管理后的生活待遇，浙江省统一建立了社区综合补贴制度，补贴标准按人均1800元/年（150元/月）掌握。

个人账户养老金计发月数见表1-2。

表 1-2 个人账户养老金计发月数

退休年龄	40	41	42	43	44	45	46	47	48	49	50	51	52	53	54	55
计发月数	332	230	226	223	220	216	212	208	204	199	195	190	185	180	175	170
退休年龄	56	57	58	59	60	61	62	63	64	65	66	67	68	69	70	
计发月数	164	158	152	145	139	132	125	117	109	101	93	84	75	65	56	

2. 基本养老待遇调整

基本养老待遇调整根据职工平均工资增长、物价上涨情况，适时提高。

正常待遇调整的范围一般为截至上年底已办理完退休手续的企业退休人员，标准依据为省人社厅、省财政厅当年基本养老金待遇调整政策规定。

3. 企业退休军转干部生活补贴

自 2005 年 1 月 1 日起，嘉兴地区在企业退休的军转干部，按转业时所任部队职务享受生活补贴。

社保经办人员可在军转干部退休次月按照社保要求提交下列材料：在部队最后一次填写的《干部任免审批表》，军队干部《转业审批报告表》《转业证》《退休人员登记表》《养老保险发放证明》《企业法人营业执照》《参保人员达到法定退休年龄领取养老保险待遇资格确认表》。

4. 精减退职人员生活困难补助

自 2011 年 10 月起，20 世纪 60 年代初由全民所有制企业、事业单位和国家机关、人民团体、民主党派以及军事系统精减退职，现无经济收入，生活有困难的精减退职人员，可以享受生活困难补助。对已享受其他各类补助的人员，如低于精减退职人员生活困难补助标准的，可按精减退职人员补助标准补足；如高于精减退职人员生活困难补助标准的，则不再享受。

5. 退休人员统筹外养老性补贴

退休人员统筹外养老性补贴是指符合国家有关政策规定或履行内部决策程序的养老性统筹外补贴，有按月生活补贴和一次性生活补贴两类，适用于 2008 年 2 月 29 日前退休和 2008 年 2 月 29 日以后退休且未领取企业年金的人员。

（1）退休人员分类。退休人员社会化后统筹外费用需分类管理实施，根据退休人员退休时间，对退休人员实行新老划断，其中退休人员分类如下。

"老人"：以退休审批表核准时间为准，2020 年 12 月 31 日前退休的人员。"老人"按照退休时间的不同，分为 A 类人员（2008 年 2 月 29 日以后退休且领取企业年金的人员）和 C 类人员（2008 年 2 月 29 日及以前退休的人员）。

"新人"：2021 年 1 月 1 日以后退休的人员。"新人"按照退休时间的不同，分为过渡期内办理退休的人员（2021 年 1 月 1 日至 2023 年 12 月 31 日期间退休的人员）和过渡期满后办理退休的人员（2024 年 1 月 1 日以后退休的人员）。

（2）退休人员社会化统筹外待遇发放原则。按照"新人新办法、老人老办法"的原则，退休人员统筹外待遇如下。

1）老人。

A 类人员：不得发放按月生活补贴；一次性生活补贴继续按 2019 年规范后的相关规定和发放方式组织实施。

C 类人员：按月生活补贴和一次性生活补贴均继续按 2019 年规范后的相关规定及发放方式组织实施。

2）新人。

过渡期内办理退休的人员：不得发放按月生活补贴；一次性生活补贴原则上每年总体降幅 5%。其中，2021、2022、2023 年办理退休的人员在过渡期及过渡期结束后执行标准分别为 2020 年执行标准的 95%、90%、85%。过渡期内办理退休的人员在过渡期满后，继续按照过渡期内各单位规定及发放方式组织实施。

过渡期满后办理退休的人员：按照当地政府有关规定应享受的待遇，由企业一次性支付，企业不再发放统筹外费用。

四、基本养老保险案例解析

案例1

张某60岁了，在年轻的时候换过几次工作，虽然参加工作多年，但因种种原因，在他47岁的时候，才在所在的单位建立了档案，开始缴纳社会保险。尽管当前达到法定退休年龄，但他如今缴纳社保刚满13年，没有达到规定的最低年限15年。张某想要在退休后按月领取养老金，该如何办理呢？

处理结果：张某可以在达到法定退休年龄后继续缴费，直到缴费满15年后，就可以按月领取养老金了。

政策依据：根据《中华人民共和国社会保险法》第十六条之规定：参加基本养老保险的个人，达到法定退休年龄时累计缴费不足十五年的，可以缴费至满十五年，按月领取基本养老金，也可以转入新型农村社会养老保险或者城镇居民社会养老保险，按照国务院规定享受相应的养老保险待遇。

案例2

2018年3月25日，王某等10余人到A市劳动保障监察支队投诉，称她们在某宾馆从事服务员、保洁员等工作，并于2018年

1 月 28 日与该宾馆解除了劳动关系，在工作期间宾馆没有为她们缴纳养老保险。

据该宾馆负责人称，这 10 余名投诉人的劳动合同已于 2017 年 12 月 31 日到期，因双方对劳动合同期限和其他相关条款无法达成一致，宾馆给她们发出了《终止劳动关系通知》。

处理结果：经调查，该宾馆未能及时为投诉人申请登记并缴纳养老保险费情况属实。宾馆以经营困难、资金紧张为由，迟迟不肯为投诉人登记并缴纳养老保险，致使王某等 10 余人在宾馆工作 3—7 年期间一直没有养老保险缴费记录，被欠缴金额达 20 万余元。针对该宾馆行为，A 市劳动保障监察支队随即下达了《劳动保障监察责令改正决定书》，限该宾馆到市养老保险经办机构为投诉人依法补缴了养老保险费。

政策依据：我国《中华人民共和国劳动法》和《中华人民共和国社会保险法》明确规定，用人单位和劳动者必须依法参加社会保险，足额缴纳社会保险费。

五、业务经办风险点提醒

（1）单位在为职工开展参保和停保工作时，应确保与职工进入和离开本单位时间一致，并与续保单位沟通，保证职工续保与本单位停保时间完全接续，不断缴。

（2）单位和职工弄虚作假，少缴、不缴、拒缴基本养老保险费，社会保险管理机构将以书面形式责令单位和职工限期补缴。单位如逾期仍不缴纳，将会被强制执行，并承担按日加收应缴数额 2‰的滞纳金。

（3）单位和个人以非法手段领取养老保险费用的，社会保险管理机构将会追回其全部非法所得；构成犯罪的，将会被依法追究刑事责任。

（4）在年度养老保险基数申报和启用时，单位社保经办人员应仔细核对每位职工社保缴费基数是否正确以及是否按新参保基数启用，如缴费基数启用异常，应及时与所属社保机构沟通，并发起异常人员工资复核等后续工作。

（5）在办理职工退休手续时，如发生重复缴费退休、转移接续不及时或养老信息归集问题等导致无法办理"退休一件事"的特殊情况下，可以通过社保网上业务平台发起"新增退休人员退休待遇"申报流程，继续办理退休手续。

六、基本养老保险相关政策

1.《劳动部复水电系统从事高空、特别繁重体力劳动的工人、

职员退休的意见》（〔62〕中劳薪字 157 号）

2.《国务院关于安置老弱病残干部的暂行办法》（国发〔1978〕104 号）

3.《国务院关于工人退休、退职的暂行办法》（国发〔1978〕104 号）

4.《水利电力部关于水利电力系统三十六个提前退休工种的若干规定的通知》（〔87〕水电劳字 114 号）

5.《关于制止和纠正违反国家规定办理企业职工提前退休有关问题的通知》（劳社部发〔1999〕8 号）

6.《因工死亡职工供养亲属范围规定》（劳动保障部令第 18 号）2003 年 9 月 23 日颁布

7.《关于对供养直系亲属有关问题答复意见》的函（劳社厅函〔2004〕176 号）

8.《关于调整企业职工基本养老保险个人缴费比例的通知》（浙老社老〔2004〕10 号）

9.《国务院关于完善企业职工基本养老保险制度的决定》（国发〔2005〕38 号）

10.《浙江省人事厅浙江省劳动和社会保障厅浙江省财政厅关于对企业退休军转干部发放补贴的通知》（浙人军〔2005〕77 号）

11.《关于完善企业职工基本养老保险制度的实施办法》（浙

劳社老〔2006〕142 号）

12.《浙江省人事厅浙江省劳动和社会保障厅关于获得硕士博士学位毕业研究生工龄计算问题的通知》（浙人薪〔2000〕105 号）

13.《浙江省人力资源和社会保障厅 浙江省财政厅 关于进一步做好清理规范企业退休人员待遇项目工作的通知》（浙人社发〔2011〕22 号）

14.《关于加强职工退休管理的规定》（浙电人资〔2011〕1023 号）

15.《关于部属企业社会化管理服务资金有关问题的通知》（浙人社发〔2015〕147 号）

16.《中共浙江省委组织部等 4 部门关于调整部分精减退职人员生活困难补助费标准的通知》（浙人社发〔2017〕107 号）

17.《浙江省人力资源和社会保障厅浙江省财政厅转发人力资源社会保障部财政部关于印发〈企业职工基本养老保险遗属待遇暂行办法〉的通知》（浙人社发〔2021〕40 号）

18.《关于调整企业职工死亡后遗属生活困难补助费等标准的通知》（浙人社发〔2021〕52 号）

19.《浙江省人力资源和社会保障厅 浙江省财政厅 国家税务总局浙江省税务局 关于调整全省 2022 年企业职工基本养老保险参保用人单位缴费比例的通告》（浙人社发〔2022〕69 号）

20.《浙江省退役军人事务厅浙江省财政厅 关于调整企业退休军转干部生活补贴标准的通知》(浙退役军人厅发〔2022〕21号)

21.《浙江省人力资源和社会保障厅浙江省财政厅 关于调整企业职工死亡后遗属生活困难补助费等标准的通知》(浙人社发〔2023〕6号)

22.《全国人民代表大会常务委员会关于实施渐进式延迟法定退休年龄的决定》

第二章 工伤保险政策及实务

一、企业工伤保险基本情况

（一）工伤保险基本介绍

工伤保险，是指劳动者在工作中或在规定的特殊情况下，遭受意外伤害或患职业病导致暂时或永久丧失劳动能力以及死亡时，劳动者或其遗属从国家和社会获得物质帮助的一种社会保险制度。

工伤保险费由参保单位缴纳，个人不缴纳工伤保险费。国家根据不同行业的风险程度确定行业的差别费率，并根据工伤保险费使用、工伤发生率等情况在每个行业内确定若干费率档次。统筹地区社会保险经办机构根据用人单位工伤保险使用、工伤发生率等情况，确定所属行业内相应的费率档次确定单位缴费费率。

（二）工伤保险实施对象

《工伤保险条例》明确，我省境内的企业、事业单位、社会团体、民办非企业单位、基金会、律师事务所、会计师事务所等组织和有雇工的个体工商户应当依照《工伤保险条例》规定参加工伤保险，为本单位全部职工或者雇工缴纳工伤保险费。

（三）工伤保险业务内容

工伤保险业务主要包括人员增加、人员减少、单位缴纳月度工伤保险费用业务、工伤认定等业务。

（四）缴费基数、缴费比例

每年参保单位需根据职工上年度工资收入对本单位工伤保险缴费基数进行调整，待在岗职工平均工资公布后，由社会保险经办机构按规定程序将参保单位申报的缴费工资核定入库。社会保险经办机构对单位申报的缴费工资做"上封顶、下保底"处理（上封顶、下保底金额以社会保险经办机构发文为准）。启用新缴费基数后，单位需做好补收、补退工作，与启用当月的基金收缴一并结算。工伤保险缴费基数和基本养老保险缴费基数保持一致。工伤保险缴费比例按照我省社会保险经办机构确定的费率执行，目前公司缴费比例为 0.56%。

二、工伤保险业务经办

（一）人员增加

因招聘、跨单位组织调入、接收毕业生和复转军人等事项发生人员增加的，单位社保经办人员，在用工之日起 30 日内为职工申请办理工伤保险登记，参保时间原则上与劳动合同签订时间保持一致。操作平台在浙江政务服务网的参保征缴的职工参保登记模块（人多可批量导入），操作时间每月月底前与养老保险操作上保持同步。

（二）人员减少

因解除或终止劳动合同、跨单位调动、在职死亡等事项发生职工减少的，单位社保经办人员应及时办理工伤保险终止缴费手续。操作平台在浙江政务服务网的参保征缴的职工参保暂停模块（人多可批量导入），操作时间每月月底前与养老保险操作上保持同步。

（三）缴费申报

工伤保险缴费包括单位缴费，缴费金额计算方法：单位社保经办人员根据单位所有职工缴费工资基数乘以缴费比例求和计算当月所缴纳金额。

（四）工伤保险支付申请

（1）工伤保险缴费计提：报销（社保）经办人员计算当月

工伤月度缴纳金额形成月度缴纳清单，在ERP保险核算模块（Z00HRXC0012）输入工伤保险的缴费基数、缴费比例，自动计算出缴费金额后，由市公司财务过账后完成工伤保险单位缴费金额计提核算操作。

（2）资金缴纳：工伤保险缴纳采用省公司集中支付、分公司统一列转、子公司自行支付的管理模式。地市公司和县公司由省公司进行集中支付，会计凭证由省公司统一处理，并通过内部往来将集中支付的资金列转，地市和县公司需根据省公司下发的金额进行确认，如有不一致的情况可以协商修改，主业派驻和老集体的代缴资金由主业负责收回并记账。

三、工伤保险待遇申报

（一）工伤认定

工伤认定，是由社会保险行政部门根据国家的政策、法规的规定，对职工因事故伤害（或者患职业病）是否属于工伤或者视同工伤，给予定性的行政确认行为。

1.工伤认定的申请时限

（1）职工发生事故伤害或者按照职业病防治法规定被诊断、

鉴定为职业病，所在单位应当自事故伤害发生之日或者被诊断、鉴定为职业病之日起30日内，向统筹地区社会保险行政部门提出工伤认定申请。遇有特殊情况，经报社会保险行政部门同意，申请时限可以适当延长。

（2）用人单位未按规定提出工伤认定申请的，工伤职工或者其近亲属、工会组织在事故伤害发生之日或者被诊断、鉴定为职业病之日起1年内，可以直接向用人单位所在地统筹地区社会保险行政部门提出工伤认定申请。

（3）用人单位未在规定的时限内提交工伤认定申请，在此期间发生符合规定的工伤待遇等有关费用由该用人单位负担。

（4）有下列情形之一的，被延误的时间不计算在工伤认定申请时限内。

1）受不可抗力影响的；

2）职工由于被国家机关依法采取强制措施等人身自由受到限制不能申请工伤认定的；

3）申请人正式提交了工伤认定申请，但因社会保险机构未登记或者材料遗失等原因造成申请超时限的；

4）当事人就确认劳动关系申请劳动仲裁或提起民事诉讼的；

5）其他符合法律法规规定的情形。

2. 工伤认定的情形

（1）职工有下列情形之一的，应当认定为工伤：

1）在工作时间和工作场所内，因工作原因受到事故伤害的；

2）工作时间前后在工作场所内，从事与工作有关的预备性或者收尾性工作受到事故伤害的；

3）在工作时间和工作场所内，因履行工作职责受到暴力等意外伤害的；

4）患职业病的；

5）因工外出期间，由于工作原因受到伤害或者发生事故下落不明的；

6）在上下班途中，受到非本人主要责任的交通事故或者城市轨道交通、客运轮渡、火车事故伤害的；

7）因参加各级工会或者县级以上组织人事部门按照统一组织的疗休养所受的伤害，但单位承担费用由职工自行安排的疗休养除外；

8）法律、行政法规规定应当认定为工伤的其他情形。

（2）职工有下列情形之一的，可以申请视同工伤：

1）在工作时间和工作岗位，突发疾病死亡或者在48小时之内经抢救无效死亡的；

2）在抢险救灾等维护国家利益、公共利益活动中受到伤害的；

3）职工原在军队服役，因战、因公负伤致残，已取得革命伤残军人证，到用人单位后旧伤复发的。

（3）职工有下列情形之一的，不得认定为工伤或者视同工伤：

1）故意犯罪的；

2）醉酒或者吸毒的；

3）自残或者自杀的。

3. 工伤认定申请对象

工伤认定工作按照属地原则办理。按照《工伤保险条例》规定应当由省级社会保险行政部门进行工伤认定的事项，根据属地原则由用人单位所在地的设区的市级社会保险行政部门办理。

4. 提出工伤认定申请所需材料

提出工伤认定应当填写《工伤认定申请表》，并提交下列材料：

（1）劳动、聘用合同文本复印件或者与用人单位存在劳动关系（包括事实劳动关系）、人事关系的其他证明材料原件和复印件各一份。

（2）医疗机构出具的受伤后诊断证明书或者职业病诊断证明书（或者职业病诊断鉴定书）原件和复印件各一份。

（3）受伤害职工身份证原件和复印件各一份、事故现场两人以上的证言及证人身份证原件和复印件各一份、考勤表原件和复印件各一份。

5. 工伤认定的办理程序和时限

（1）材料收集和上报。职工发生工伤后，所在部门、工会或安监部门向单位社会保险管理部门提出工伤认定申请。职工或者其家属提供医疗诊断证明或者职业病诊断证明、初次就诊病历、受伤害职工身份证复印件、工伤认定申请表以及工伤相关证明材料等，如遇交通事故需提供交通事故责任认定书。员工管理岗位提供与用人单位存在劳动关系（包括事实劳动关系）等证明材料。社会保险管理人员汇总并初步审核资料后，在规定时限内向统筹地区社会保险行政部门申请工伤认定。

（2）受理。社会保险经办机构收到工伤认定申请后，在15日内对提交的材料进行审核，材料完整的，作出受理或不予受理决定；对工伤认定申请人提供材料不完整的，应当一次性书面告知工伤认定申请人需要补正的全部材料。申请人按照书面告知要求补正材料后，社会保险经办机构应当在15日内作出受理或不予受理决定。

（3）调查和决定。社会保险经办机构受理工伤认定申请后，对申请人提供的证据材料进行书面审查，并可根据需要可对事故进行调查核实，用人单位、职工、工会组织、医疗机构以及有关部门应当予以协助，据实提供情况和证明材料。社会保险行政部门应当自受理工伤认定申请之日起 60 日内作出工伤认定决定，出具《认定工伤决定书》或者《不予认定工伤决定书》。社会保险行政部门对于事实清楚、权利义务明确的工伤认定申请，应当自受理工伤认定申请之日起 15 日内作出工伤认定决定。

（4）结果送达。社会保险行政部门应当自工伤认定决定作出之日起 20 日内，将《认定工伤决定书》或者《不予认定工伤决定书》送达受伤害职工（或者其近亲属）和用人单位，并抄送社会保险经办机构。

（二）劳动能力鉴定

劳动能力鉴定，是指劳动者因工负伤或非因工负伤以及疾病等原因，导致本人劳动与生活能力产生不同程度的影响，由劳动能力鉴定机构根据用人单位、职工本人或者亲属的申请，组织劳动能力鉴定医学专家，根据国家制定的标准，运用劳动保障的有关政策，运用医学科学技术的方法和手段，确定劳动者劳动功能障碍程度和生活自理障碍程度的一种综合评定的制度。

1.劳动能力鉴定相关概念

（1）劳动能力鉴定的等级。劳动能力鉴定包括指劳动功能障碍程度和生活自理障碍程度的等级鉴定。劳动功能障碍分为十个伤残等级，最重的为一级，最轻的为十级。生活自理障碍分为三个等级：生活完全不能自理、生活大部分不能自理和生活部分不能自理。

（2）申请劳动能力鉴定条件。职工发生工伤，经治疗伤情相对稳定后存在残疾、影响劳动能力的，应当进行劳动能力鉴定。

（3）提出劳动能力鉴定申请的主体。劳动能力鉴定由用人单位、工伤职工或者其近亲属提出申请。

2. 劳动能力鉴定的材料和流程

工伤职工申请进行劳动能力鉴定所需的材料：

（1）有效的诊断证明、按照医疗机构病历管理有关规定复印或者复制的检查、检验报告等完整病历材料；

（2）工伤职工的居民身份证或者社会保障卡等其他有效身份证明原件。

3. 劳动能力鉴定流程

（1）提出劳动能力鉴定：及时通知职工进行工伤鉴定。

（2）鉴定资料收集：填写劳动能力鉴定申报表并收集认定工伤决定书、身份证、一寸近期免冠照片、发生工伤后的门诊病历、住院病历、诊断证明书、出院记录以及相关的检查报告、化验结果等。

（3）鉴定资料上报：社会保险管理岗位汇总并初步审核资料后向劳动能力鉴定委员会申请工伤鉴定，并将鉴定委员会关于鉴定的相关要求告知工伤职工。

（4）信息反馈：单位社会保险管理岗位将社会保险行政部门的工伤鉴定结果反馈给职工和单位相关人员，并做好资料归档工作。

4. 劳动能力鉴定时限

职工发生工伤，经治疗伤情相对稳定后存在残疾、影响劳动能力的，或者停工留薪期满（含劳动能力鉴定委员会确认的延长期限），工伤职工或者其用人单位应当及时向设区的市级劳动能力鉴定委员会提出劳动能力鉴定申请。

工伤职工的劳动能力鉴定实行省和设区的市两级鉴定。市级劳动能力鉴定委员会负责初次鉴定和复查鉴定。省级劳动能力鉴定委员会负责再次鉴定。

劳动能力鉴定委员会收到劳动能力鉴定申请后，应当及时对申请人提交的材料进行审核；申请人提供材料不完整的，劳动能力鉴定委员会应当自收到劳动能力鉴定申请之日起 5 个工作日内一次性书面告知申请人需要补正的全部材料。

设区的市级劳动能力鉴定委员会应当自收到劳动能力鉴定申请之日起 60 日内作出劳动能力鉴定结论，必要时，作出劳动能力鉴定结论的期限可以延长 30 日。劳动能力鉴定委员会应当自作出鉴定结论之日起 20 日内将劳动能力鉴定结论及时送达工伤职工及其用人单位，并抄送社会保险经办机构。

申请鉴定的单位或者个人对设区的市级劳动能力鉴定委员会作出的鉴定结论不服的，可以在收到该鉴定结论之日起 15 日内向省、自治区、直辖市劳动能力鉴定委员会提出再次鉴定申请。省、自治区、直辖市劳动能力鉴定委员会作出的劳动能力鉴定结论为最终结论。

自劳动能力鉴定结论作出之日起 1 年后，工伤职工或者其近亲属、所在单位或者经办机构认为伤残情况发生变化的，可以申请劳动能力复查鉴定。

（三）工伤保险待遇

工伤保险待遇，是指工伤职工、工亡职工亲属按照《工伤保险条例》规定依法应当享受的赔偿项目和标准。

1. 工伤保险待遇的标准

在《工伤认定书》生效后，参保单位可向统筹地区社会保险经办机构申领工伤保险待遇，根据劳动能力鉴定情况享受不同的待遇，工伤保险待遇一览表见表 2-1。

表 2-1 工伤保险待遇一览表

工伤保险待遇		项目	标准	基数	支付渠道
医疗康复待遇	医疗待遇	挂号费	按统筹地规定享受	按照标准报销	工伤保险基金
		住院费	工伤保险住院服务标准		
		医疗费	工伤保险诊疗项目目录		
		药费	工伤保险药品目录		
	交通住宿伙食	交通费	按统筹地规定享受	按照标准报销	工伤保险基金
		住院伙食补助费	按统筹地规定享受		
		住宿费	按统筹地规定享受		
		在途伙食补助	按统筹地规定享受		
	停工留薪期内及康复待遇	辅助器具费	国家规定的标准	按标准报销	工伤保险基金
		停工接受工伤医疗的	原工资福利待遇	不变	用人单位
		生活不能自理的	护理待遇	按实际需要	

续表

工伤保险待遇		项目	标准	基数	支付渠道
伤残待遇	一次性伤残补助金（经劳动能力鉴定）	一级	27个月	本人工资	工伤保险基金
		二级	25个月		
		三级	23个月		
		四级	21个月		
		五级	18个月		
		六级	16个月		
		七级	13个月		
		八级	11个月		
		九级	9个月		
		十级	7个月		
	伤残津贴	一级	90%	本人工资（伤残津贴低于当地最低工资标准的补足差额）	工伤保险基金
		二级	85%		
		三级	80%		
		四级	75%		
		五级	70%		用人单位（难以安排工作的）
		六级	60%		
	生活护理费	生活完全不能自理	50%	统筹地区上年度职工月平均工资	工伤保险基金
		生活大部不能自理	40%		
		生活部分不能自理	30%		

续表

工伤保险待遇		项目	标准	基数	支付渠道
死亡待遇		丧葬补助金	6个月	统筹地区上年度职工月平均工资	工伤保险基金
		供养亲属抚恤金	配偶每月40%	本人工资（抚恤金总额不得超过死亡职工生前的本人工资）	
			其他每人每月30%		
			孤老或孤儿再加10%		
		一次性工亡补助金	20倍	上一年度全国城镇居民人均可支配收入	
	一至四级工伤职工停工留薪期后死亡待遇	丧葬补助金	6个月	统筹地上年度职工月平均工资	
		供养亲属抚恤金	配偶每月40%	本人工资（抚恤金总额不得超过死亡职工生前的本人工资）	
			其他每人每月30%		
			孤老或孤儿再加10%		

续表

工伤保险待遇		项目	标准	基数	支付渠道
一次性工伤医疗补助金和伤残就业补助金（工伤职工与用人单位解除劳动关系）	工伤医疗补助金	五级	按统筹地规定享受	一次性工伤医疗补助金和一次性伤残就业补助金的具体标准由省、自治区、直辖市人民政府规定	工伤保险基金
		六级	按统筹地规定享受		
		七级	按统筹地规定享受		
		八级	按统筹地规定享受		
		九级	按统筹地规定享受		
		十级	按统筹地规定享受		
	伤残就业补助金	五级	按统筹地规定享受		用人单位
		六级	按统筹地规定享受		
		七级	按统筹地规定享受		
		八级	按统筹地规定享受		
		九级	按统筹地规定享受		
		十级	按统筹地规定享受		

2. 工伤保险待遇的申请

（1）资料收集：按照不同类别的工伤保险待遇收集相应的资料（详见工伤保险待遇申报材料）。

（2）资料上报：单位社会保险管理岗位汇总工伤保险待遇申请资料，审核通过并盖章后上报给社会保险经办部门。

（3）审核与拨付：社会保险经办部门审核工伤保险待遇申请资料后，根据当前工伤待遇享受政策计算出具体待遇，并拨付至申请工伤待遇时所提供的账户。目前可以选择支付到本人账户或单位账户。

（4）材料归档：社会保险经办部门返还《工伤保险待遇核定表》，社会保险管理岗位做好材料归档工作。

3. 工伤保险待遇申报材料

工伤保险待遇申报须提供如下材料：

（1）填报《工伤保险待遇申请表》并由单位审核盖章。

（2）首次申请工伤待遇须提交《工伤认定书》原件。

（3）申请报销医疗费用的，需提交医疗费用原始发票凭证、对应病历，住院费用需提供住院发票、出院小结和住院清单。如在统筹区外就医的，事先经社会保险经办机构核准的，可报销异地就医产生的交通费、食宿费，需提供《统筹地区以外就医交通、食宿费报销表》。

（4）如有配置辅助器具，须事先经社保经办机构核准，提供各统筹地区规定的配置辅助器具的凭证。

（5）如有伤残等级，须提供劳动能力鉴定结论，以及各统筹地区规定的其他相关材料。

（6）如属于交通事故，需报送公安交警部门出具的《道路交通事故责任认定书》《交通事故损害赔偿调解书》或者司法部门的判决（调解）书复印件；医疗费已由第三方赔偿的，也需提供已赔偿发票的复印件和对应病历；属于其他事故伤害的还需报送第三方责任赔偿有关资料。

（7）如为工亡人员，符合申请供养亲属抚恤金条件的，需填报《供养亲属抚恤金待遇审批表》，并提供各统筹地区规定应当提供的相应证明材料，一般包括供养居民的身份证证件、供养关系证明材料、无收入证明等。

以上申报材料为复印件的，申报单位需对复印件与原件进行比对核实，并在复印件上盖章、注明"与原件无误"；特殊情况需提供相关原件。

4. 工伤职工转诊转院手续

参保职工治疗工伤应当在签订服务协议的医疗机构就医，情况紧急时可以先到就近的医疗机构急救。

工伤职工到统筹地区以外就医的，须事先经医疗机构出具证明，单位同意，报社会保险经办机构审批备案。

工伤职工到统筹地以外就医的城市限杭州、上海和北京。

5. 辅助器具的配置

（1）申请材料。根据《工伤保险辅助器具配置管理办法》规定，工伤职工认为需要配置辅助器具的，可以向劳动能力鉴定委员会提出辅助器具配置确认申请，并提交下列材料：

1）居民身份证或者社会保障卡等有效身份证明原件；

2）有效的诊断证明、按照医疗机构病历管理有关规定复印或者复制的检查、检验报告等完整病历材料。

工伤职工本人因身体等原因无法提出申请的，可由其近亲属或者用人单位代为申请。

（2）审核。劳动能力鉴定委员会根据配置确认申请材料，组织专家组并对工伤职工进行现场确认。经专家组根据职工伤情和工伤保险辅助器具配置目录有关规定提出相关意见，劳动能力鉴定委员会根据专家组意见确认是否予以配置，并自作出确认结论之日起 20 日内将确认结论送达工伤职工及其用人单位，同时抄送社会保险经办机构。

（3）配置。工伤职工收到予以配置的确认结论后，持劳动能力鉴定机构出具的辅助器具配置确认书，并填写《辅助器具配置（更换）审批表》，向社会保险经办机构进行登记，经办机构向工伤职工出具配置费用核付通知单。工伤职工可以持配置费用核付通知单，选择协议机构配置辅助器具。

（4）费用支付。工伤职工配置辅助器具的费用包括安装、维修、训练等费用，按照规定由工伤保险基金支付。

经经办机构同意，工伤职工到统筹地区以外的协议机构配置辅助器具发生的交通、食宿费用，可以按照统筹地区人力资源社会保障行政部门的规定，由工伤保险基金支付。

（5）更换。辅助器具达到规定的最低使用年限的，工伤职工可以按照统筹地区人力资源社会保障行政部门的规定申请更换。

工伤职工因伤情发生变化，需要更换主要部件或者配置新的辅助器具的，经向劳动能力鉴定委员会重新提出确认申请并经确认后，由工伤保险基金支付配置费用。

6.因工死亡职工供养亲属

职工因工死亡，其供养亲属可按规定从工伤保险基金领取丧葬补助金、供养亲属抚恤金、一次性工亡补助金。

（1）具体范围。因工死亡职工供养亲属，是指该职工的配偶、子女、父母、祖父母、外祖父母、孙子女、外孙子女、兄弟姐妹。

1）子女，包括婚生子女、非婚生子女、养子女和有抚养关系的继子女，其中，婚生子女、非婚生子女包括遗腹子女；

2）父母，包括生父母、养父母和有抚养关系的继父母；

3）兄弟姐妹，包括同父母的兄弟姐妹、同父异母或者同母异父的兄弟姐妹、养兄弟姐妹、有抚养关系的继兄弟姐妹。

（2）领取供养亲属抚恤金的情形。依靠因工死亡职工生前提供主要生活来源，并有下列情形之一的，可按规定申请供养亲属抚恤金：

1）完全丧失劳动能力的；

2）工亡职工配偶男年满60周岁、女年满55周岁的；

3）工亡职工父母男年满60周岁、女年满55周岁的；

4）工亡职工子女未满18周岁的；

5）工亡职工父母均已死亡，其祖父、外祖父年满60周岁，祖母、外祖母年满55周岁的；

6）工亡职工子女已经死亡或完全丧失劳动能力，其孙子女、外孙子女未满18周岁的；

7）工亡职工父母均已死亡或完全丧失劳动能力，其兄弟姐妹未满18周岁的。

（3）停止享受抚恤金的情形。

1）年满18周岁且未完全丧失劳动能力的；

2）就业或参军的；

3）工亡职工配偶再婚的；

4）被他人或组织收养的；

5）死亡的；

6）在被判刑收监执行期间，停止享受抚恤金待遇。刑满释放仍符合领取抚恤金资格的，按规定的标准享受抚恤金。

7. 工伤保险待遇的停止

工伤职工有下列情形之一的，停止享受工伤保险待遇：

（1）丧失享受待遇条件的。

（2）拒不接受劳动能力鉴定的。

（3）拒绝治疗的。

（四）工伤保险特殊说明

1. 承担工伤保险责任的单位

（1）职工与两个或两个以上单位建立劳动关系，工伤事故发生时，职工为之工作的单位为承担工伤保险责任的单位；

（2）劳务派遣单位派遣的职工在用工单位工作期间因工伤亡的，派遣单位为承担工伤保险责任的单位；

（3）单位指派到其他单位工作的职工因工伤亡的，指派单位为承担工伤保险责任的单位；

（4）用工单位违反法律、法规规定将承包业务转包给不具备用工主体资格的组织或者自然人，该组织或者自然人聘用的职工从事承包业务时因工伤亡的，用工单位为承担工伤保险责任的单位；

（5）个人挂靠其他单位对外经营，其聘用的人员因工伤亡的，被挂靠单位为承担工伤保险责任的单位。

2.职工特殊情形

（1）职工被派遣出境工作，依据前往国家或者地区的法律应当参加当地工伤保险的，参加当地工伤保险，其国内工伤保险关系中止；不能参加当地工伤保险的，其国内工伤保险关系不中止。

（2）职工再次发生工伤，根据规定应当享受伤残津贴的，按照新认定的伤残等级享受伤残津贴待遇。

（3）工伤职工工伤复发，确认需要治疗的，可享受相应的工伤医疗待遇，即工伤保险待一览表中的医疗康复待遇。

（4）职工因工外出期间发生事故或者在抢险救灾中下落不明的，从事故发生当月起3个月内照发工资，从第4个月起停发工资，由工伤保险基金向其供养亲属按月支付供养亲属抚恤金。生活有困难的，可以预支一次性工亡补助金的50%。职工被人民法院宣告死亡的，按照职工因工死亡的规定处理。

3.停工留薪期限

工伤的停工留薪期一般不超过12个月。伤情严重或者情况特殊，经设区的市级劳动能力鉴定委员会确认，可以适当延长，但延长不得超过 12 个月。工伤职工评定伤残等级后，停发原待遇，按照本章的有关规定享受伤残待遇。工伤职工在停工留薪期满后仍需治疗的，继续享受工伤医疗待遇。

4. 以下情形应认定为"上下班途中"

（1）在合理时间内往返于工作地与住所地、经常居住地、单位宿舍的合理路线的上下班途中；

（2）在合理时间内往返于工作地与配偶、父母、子女居住地的合理路线的上下班途中；

（3）从事属于日常工作生活所需要的活动，且在合理时间和合理路线的上下班途中；

（4）在合理时间内其他合理路线的上下班途中。

5. 以下情形应认定为"因工外出"

（1）职工受用人单位指派或者因工作需要在工作场所以外从事与工作职责有关的活动期间；

（2）职工受用人单位指派外出学习或者开会期间；

（3）职工因工作需要的其他外出活动期间。

四、工伤保险案例解析

职工参加单位组织的集中培训受伤

（一）案例简介

2019年8月12日，某公司组织职工李某等人到本地职业技能培训中心进行为期3天的封闭式培训。根据培训课程安排，培训人员需轮流练习智能开关更换。李某完成操作后不慎踩空，导致右脚脚踝扭伤。该公司向社会保险行政部门提出工伤认定申请，并提交了相关材料。

（二）处理结果

职工参加单位组织的培训，应视为因工作原因所受的伤害。社会保险行政部门在审核相关材料后，认定李某所受的右脚脚踝扭伤为工伤。

（三）相关依据

（1）《最高人民法院关于审理工伤保险行政案件若干问题的规定》（法释〔2014〕9号）第五条规定：社会保险行政部门认定下列情形为"因工外出期间"的，人民法院应予支持；职工受用人单位指派外出学习或者开会期间。

（2）《人力资源社会保障部关于〈工伤保险条例〉若干问题的意见（二）》（人社部发〔2016〕29号）第四条规定：职工在参加用人单位组织或者受用人单位指派参加其他单位组织的活动中受到事故伤害的，应当视为工作原因，但参加与工作无关的活动除外。

案例2

职工上下班期间发生交通事故，但无交通事故认定书

（一）案例简介

2021年8月，某公司职工李某在骑自行车上班途中等红灯时，被一辆电动摩托车碾到脚背，并重重摔倒在地。肇事者及时送其就医，并垫付了门诊药费。李某认为伤势并不严重，而且看肇事者态度比较诚恳，决定不再追究。几天后，李某伤口发炎、红肿无法正常行走，只能请假住院治疗，花费了1000元后治疗仍未结束。李某认为自己是在上班途中遭遇交通事故，因此向单位申请工伤认定。但李某并无交通事故认定书，也找不到肇事者。李某咨询属地社会保险行政部门后得到答复是必须提供相关证明

材料，否则无法认定为工伤。

（二）处理结果

经多次沟通，医院和交管部门提供了相关证明材料。社会保险行政部门审核相关材料后，认为李某所述均为事实，认定其为工伤。

（三）相关依据

《工伤保险条例》（国务院令第 586 号）第十四条，职工有下列情形之一的，应当认定为工伤：在上下班途中，受到非本人主要责任的交通事故或者城市轨道交通、客运轮渡、火车事故伤害的。

五、业务经办风险点提醒

（1）用人单位、工伤职工或者其近亲属骗取工伤保险待遇，医疗机构、辅助器具配置机构骗取工伤保险基金支出的，由社会保险行政部门责令退还，处骗取金额 2 倍以上 5 倍以下的罚款；情节严重，构成犯罪的，依法追究刑事责任。

（2）用人单位依照规定应当参加工伤保险而未参加的，由社会保险行政部门责令限期参加，补缴应当缴纳的工伤保险费，并自欠缴之日起，按日加收万分之五的滞纳金；逾期仍不缴纳的，处欠缴数额 1 倍以上 3 倍以下的罚款。

（3）应当参加工伤保险而未参加工伤保险的用人单位职工发

生工伤的，由该用人单位按照规定的工伤保险待遇项目和标准支付费用。

（4）职工发生事故伤害或者按照职业病防治法规定被诊断、鉴定为职业病，所在单位应当自事故伤害发生之日或者被诊断、鉴定为职业病之日起 30 日内，向统筹地区社会保险行政部门提出工伤认定申请。

（5）人员增减时注意转移接续的连续性，转入单位和转出单位要做好参保时间上的衔接，要在同一天完成增减工作，确保工伤保险不中断。

（6）交通事故工伤的注意事项：社保经办人员应告知员工遇到交通事故时及时报警。

六、工伤保险相关政策

1.《工伤保险条例》（国务院令第 375 号）

2.《国务院关于修改〈工伤保险条例〉的决定》（国务院令第 586 号）

3.《浙江省工伤保险条例》

4.《工伤认定办法》（人社部令第 8 号）

5.《浙江省社会保险事业管理中心关于进一步规范工伤保险

待遇支付有关事项的通知》(浙社保〔2013〕35号)

6.《工伤保险辅助器具配置管理办法》(浙社保〔2014〕26号)

7.《人力资源社会保障部关于执行〈工伤保险条例〉若干问题的意见(二)》(人社部发〔2016〕29号)

8.《工伤职工劳动能力鉴定管理办法》(人社部令第38号)

第三章 / 失业保险政策及实务

一、失业保险基本情况

（一）失业保险基本介绍

失业保险是指国家通过立法强制执行的，由用人单位、职工个人缴费及国家财政补贴等渠道筹集资金建立失业保险基金，对因失业而暂时中断生活来源的劳动者提供物质帮助以保障其基本生活，并通过专业训练、职业介绍等手段为其再就业创造条件的制度。

（二）失业保险实施对象

《失业保险条例》明确，城镇企业事业单位、城镇企业事业单位职工依据《失业保险条例》的规定，缴纳失业保险费，享受失业保险待遇。

城镇企业是指国有企业、城镇集体企业、外商投资企业、城镇私营企业以及其他城镇企业。

（三）失业保险业务内容

失业保险业务主要包括月度支付失业保险、社保系统人员变更登记操作、稳岗补贴申领和使用等业务。

（四）缴费申报、缴费比例

每年参保单位需根据职工上年度工资收入对本单位失业保险缴费基数进行调整，待在岗职工平均工资公布后，由社会保险经办机构按规定程序将参保单位申报的缴费工资核定入库。社会保险经办机构对单位申报的缴费工资做"上封顶、下保底"处理（上封顶、下保底金额以社会保险经办机构发文为准）。启用新缴费基数后，单位需做好补收、补退工作，与启用当月的基金收缴一并结算。失业保险缴费基数和基本养老保险缴费基数保持一致。失业保险缴费比例按照我省社会保险经办机构确定的费率执行，目前失业单位部分按缴费基数缴纳 0.5%，失业个人部分按缴费基数缴纳 0.5%。

二、失业保险业务经办

（一）人员增加

因招聘、跨单位组织调入、接收毕业生和复转军人等事项发生人员增加的，单位社保经办人员，在用工之日起 30 日内为职工申请办理失业保险登记，参保时间原则上与劳动合同签订时间保持一致。操作平台在浙江政务服务网的参保征缴的职工参保登记模块（人多可批量导入），操作时间每月月底前与养老保险操作上保持同步。

（二）人员减少

因解除或终止劳动合同、跨单位调动、在职死亡等事项发生职工减少的，单位社保经办人员应及时办理失业保险终止缴费手续。操作平台在浙江政务服务网的参保征缴的职工参保暂停模块（人多可批量导入），操作时间每月月底前与养老保险操作上保持同步。

（三）缴费申报

失业保险缴费支付：每月由社保经办人员计提失业保险费用，经过托收由税务收取。

（1）失业保险缴费计提：由薪酬经办人员在"经常性支付/扣除"模板填写个人月度缴费金额，在ERP人资集中部署系统薪酬管理模块批量导入系统，作为个人月度失业保险的扣款金额。此外，社保经办人员须在ERP保险核算模块（Z00HRXC0012）输入失业保险的缴费基数、缴费比例，自动计算出缴费金额后，由公司财务过账后完成失业保险单位缴费金额计提核算操作。其中单位部分与个人部分资金均按照单人基数乘以费率后累加计算，计算当月所缴纳金额。

（2）失业保险缴费支付：报销（社保）经办人员填写月度缴纳清单，签字盖章后提前一月在财务报销系统费用报销下的保险及税金科目完成资金预约，等到下月与税务部门托收支付金额核对预约缴纳金额是否正确，无误后提交已托收支付费用报销流程。

（3）支付递交：报销审批流程结束后，经办人需在财务报销系统打印对应审批单据，提交报销资料至财务部门，财务审批后结束流程。支援集体人员失业保险费用需在下月月初前打款至主业账户，经由主业发起"付款申请"流程。

（四）稳岗返还

返还对象：企业、社会团体、基金会、社会服务机构、律师事务所、会计师事务所、以单位形式参保的个体工商户。

返还条件：参保单位参加失业保险并足额缴纳失业保险费12个月以上；上年度未裁员或裁员率不高于上年度全国城镇调查失业率控制目标，30人（含）以下的参保企业裁员率不高于参保职工总数的20%的；生产经营活动符合国家和地方产业结构调整政策和环保政策；严重失信企业以及技术落后、没有市场前景、生产恢复无望的"僵尸企业"不纳入返还范围。

返还标准：大型企业按不超过企业及其职工上年度实际缴纳失业保险费的30%返还；中小微企业按不超过60%返还（返还比例每年有变化，具体以政府文件为准）。社会团体、基金会、社会服务机构、律师事务所、会计师事务所、以单位形式参保的个体工商户参照实施。

申领方式：符合条件的企业可通过"浙里办"App、浙江政务服务网或线下窗口申领。稳岗返还资金可用于缴纳职工基本养老保险个人缴费，缴费金额原则上不超过当年稳岗返还资金总额中依据职工实际缴纳失业保险费确定的返还额度。

三、失业金申领流程

（一）申领对象

用人单位和本人已按规定履行缴纳失业保险费满一年、非本人意愿中断就业且符合失业登记条件的，可申领失业保险金。

（二）办理流程

浙里办搜索"失业登记"，找到当地"就业失业登记"，在线办理失业登记业务。完成失业登记业务后，返回首页搜索"失业保险金核准支付"，找到当地"失业保险服务"，在线办理失业保险金核准支付业务。

（三）办理须知

（1）累计缴费时间一年以上不足五年的，每满六个月领取一个月失业保险金，余数满三个月不满六个月的，按照六个月计算；累计缴费时间五年以上部分，每满八个月领取一个月失业保险金，余数满四个月不满八个月的，按照八个月计算；但是，领取失业保险金的期限最长不超过二十四个月。

（2）失业人员每月领取失业保险金的标准为所在地最低工资标准的百分之九十。

（3）失业人员停止领取失业保险金和停止享受其他失业保险待遇的条件：重新就业、应征服兵役、移居境外、享受基本养老保险待遇、无正当理由累计三次不接受当地人民政府指定部门或机构介绍的适当工作或提供的培训、法律法规规定的其他情形。

（四）失业补助金

嘉兴市领取失业保险金期满仍未就业的失业人员、参保缴费不足1年或参保缴费满1年但因本人原因解除劳动合同的失业人员，每人每月补助 500 元，领取期限最长 6 个月，领取期间不享受失业保险金、代缴医疗保险费、丧葬补助金和抚恤金。

四、失业保险案例解析

案例 1

小刘 2020 年参加工作，在 2020 年至 2022 年间单位和个人均正常缴纳失业保险。2023 年初，由于公司内部顺位淘汰制原因，小刘被公司"优化"，解除劳动合同。

处理方法：小刘在浙里办办理失业登记，完成失业登记后，浙里办申请失业保险金核准支付，上传本人身份证、解除劳动合同书等材料，经过社保局审批，失业保险金打款至小刘账户。

案例 2

小张 2021 年书面向公司提出辞职申请，并按照公司辞职流程完成所有工作交接。小刘在领取解除劳动合同证明书三天后，电话联系公司人力资源部，称其计划向失业保险中心申领失业保险金，但按照《失业保险条例》及《失业保险金申领发放办法》规定，员工自愿辞职的情形不符合领取条件，因此要求公司出具一份用人单位主张解除劳动合同的证明，以协助其领取失业保险金，并承诺书面保证不向单位索要经济补偿。

处理方法：公司经向小刘离职前所在部门了解员工工作、家庭情况及社会关系，分析员工提出诉求的原因，并咨询法律顾问，充分了解法律风险后联系员工面谈，将政策和风险点告知员工，表示公司始终坚持以实际情况为基础，不会协助员工伪造证明材料获取社会保险，经过与小刘的充分沟通，小刘放弃了申领失业保险金的想法。

五、业务经办风险点提醒

（1）根据国家有关政策规定，稳岗返还资金主要用于职工生活补助、缴纳社会保险费、转岗培训、技能提升培训等稳定就业岗位相关支出，参保地人社部门另有规定的应从其规定。

（2）稳岗返还资金仅供当年度使用，不可跨年度使用。

六、失业保险相关政策

1.《失业保险条例》（国务院令第 258 号）

2.《浙江省关于阶段性降低失业保险费率有关问题的通知》

（浙人社发〔2017〕47号）

3.《人力资源社会保障部 财政部 国家税务总局关于延续实施失业保险援企稳岗政策的通知》（人社部发〔2024〕40号）

第四章 基本医疗保险政策及实务

一、基本医疗保险基本情况

（一）基本医疗保险基本介绍

基本医疗保险是为补偿劳动者因疾病风险造成的经济损失而建立的一项社会保险制度。通过用人单位和个人缴费，建立医疗保险基金，参保人员患病就诊发生医疗费用后，由医疗保险经办机构给予一定的经济补偿，以避免或减轻劳动者因患病、治疗等所带来的经济风险。基本医疗保险基金由统筹基金和个人账户构成。

（二）基本医疗保险实施对象

符合参保条件并按照统筹地区政策要求及时办理参保缴费手续的人员按规定享受职工医保待遇。参保人员达到法定退休年龄，且基本医疗保险待遇的缴费年限符合参保地政策的，可依法享受医疗保险退休待遇，不再缴纳医疗保险个人部分。

（三）缴费申报、缴费比例

单位应当在用工当月为职工申请办理职工基本医疗保险参保

手续，按照"当月缴费次月享受"的原则享受医疗保险待遇。保险费用由用人单位和职工个人按月共同缴纳，单位缴费部分按缴费基数的9%缴纳，其中：职工生育保险0.5%；在职职工个人按缴费基数2%缴纳。基本医疗单位部分缴费基数根据年度申报基数执行，上下限由上年度公布的全社会单位在岗职工月平均工资确定。执行期间根据具体文件通知，一般为当年1—12月全年执行，当年新基数申报前新增人员执行期自新增之日起执行（当年新基数申报前减少人员不申报新基数）。

二、基本医疗保险业务经办

（一）人员登记、在职增减员变动

在员工入职当月参保期内（每月25号前）线上登录浙江医保平台操作申报，操作后需确认是否审批通过，也可以通过线下提交相应纸质表单完成申报。人员退休次月需要将省社保出具的退休审批表交地方医保办理在职转退休。

1. 人员增加

因招聘、跨单位组织调入、接收毕业生和复转军人等事项发生人员增加的，社会保险管理人员应在用工之日起30日内为职工申请办理社会保险登记，参保时间原则上与劳动合同签订时间保持一致，并申报缴纳社会保险费。

参保办理需要维护的信息主要有：姓名、性别、身份证号、户口性质、户籍地址、电话号码、参保时间和申报工资等。

办理参保申报手续前，应与职工原参保单位进行衔接沟通，避免职工参保时间发生中断。应核查新增职工进入本单位前的参保情况，对重复缴费或漏缴的，通知员工本人联系原单位或原社会保险经办机构办理退费或补缴。如需办理医疗保险关系转移接续，应通知员工本人及时办理转移接续手续。

2. 人员减少

因解除或终止劳动合同、跨单位调动、在职死亡等事项发生职工减少的，社会保险管理人员办理社会保险终止缴费手续。

办理终止缴费申报手续前，应核查减少职工历史缴费记录完整性，并与职工新参保单位进行衔接沟通，建立工作台账，告知职工个人账户情况和社保关系转移事项，避免职工参保时间发生中断。

（二）缴费基数申报

年度内根据地方医保局通知登录浙江电子税务局系统进行新基数申报，也可以通过向线下办事大厅提交申请表执行。开放当月在职人员可以填报新基数，申报基数为上年度职工平均工资，系统执行时会在限定基数上下限范围内启用。

（三）缴费申报

社保经办人员根据系统导出的当月医保参保人员情况表中的总基数 × 比例计提缴纳单位部分，将其合并个人缴费数后编制月度保险计提明细表，费用每月自动托收给地方税务局。

（1）医疗保险缴费计提：报销（社保）经办人员计算当月医疗保险月度缴纳金额形成月度缴纳清单，在 ERP 保险核算模块（ZOOHRXC0012）输入医保保险的缴费基数、缴费比例，自动计算出缴费金额后，由公司财务过账后完成工伤医疗保险单位缴费金额计提核算操作。

（2）支付发起：报销（社保）经办人员填写月度缴纳清单，签字盖章后提前在财务报销系统完成资金预约，并在次月与财务提供的社会保险费缴费申报表数据核对无误后发起已支付业务报销流程。

（3）支付递交：报销审批流程结束后，经办人需在财务报销系统打印对应审批单据，提交报销资料至财务部门，财务审批后完结流程。支援集体人员医疗保险费用需由集体企业打款至主业账户，经由主业发起"付款申请"流程，完成托收费用闭环。

三、基本医疗保险结算

（一）基本医疗保险费用结算

职工本地发生的基本医保门急诊（购药）和住院医药费报销根据相应的报销标准通过社保卡（含电子医保卡）直接结算，办理过转外就医和异地安置的职工在异地产生的医药费也可以直接刷卡结算。未刷医保卡就医（含未办理转外就医和异地安置、系统问题导致不能实时结算）产生的费用需要携带有效医疗费票据原件、病历等材料前往医保窗口报销结算。浙里办开通线上报销路径，在完成线上提报后需将原件邮寄至医保经办机构。

（二）基本医疗保险报销材料

门诊费用：社保卡市民卡、发票原件（含清单）、门诊病历原件及复印件、转诊证明（已经线上办理的无需提供）、代办人身份证。

住院费用：社保卡市民卡、发票原件、住院费用清单、出院小结原件及复印件、转诊证明（已经线上办理的无需提供）、代办人身份证。

其他特殊情况需要事先咨询办事窗口。

（三）转外就医与异地安置

参保人员联系医院上传转外就医信息备案，也可凭社保卡和定点医院开具的转诊单在浙里办 App 申请或至医保经办窗口办理，转外就医备案有效期 2 年。因长期居住外地或者工作原因需要外驻 3 个月以上的，可持市民卡或身份证至医保经办窗口办理异地安置手续，办理后 3 个月方可撤销或者修改备案。

（四）医保转移接续

参保人员跨统筹地区调动的，其职工基本医疗保险关系、个人账户随本人转移，不再享受原就业地城镇基本医疗保险待遇，缴费年限累计计算。目前浙江省内原则上已经实现自动转移，如果调动人员发现个人账户余额未转移，可以通过浙里办 App 自主发起转移接续流程。涉及跨省调动情况的，需要本人前往医保办事窗口办理。

（五）退休人员一次性补足医保缴费年限

2021 年 7 月 1 日起，职工医保缴费年限累计需要满 20 年（全省统一）的，退休后职工个人不再缴纳医保费，继续享受医保待遇。

（六）其他需说明的情况

基本医疗保险个账划拨及报销比例一览表见表 4-1。

表 4-1   基本医疗保险个账划拨及报销比例一览表

人员类别			划入个人账户金额	
在职			缴费基数 ×2%×12	
退休（职）/新中国成立前参加革命工作的老工人			2340 元（195 元/月）	
费用类别	机构等级	补助比例（在职）	补助比例（退休）	起付
门诊医疗费用	基层医院	85%	90%	在职 400 元；退休 200 元
	二级医院	70%	75%	
	其他定点机构	60%	65%	
住院医疗费用	20万元以下 一级以下	90%	95%	300 元
	二级	85%	90%	500 元
	三级	80%	85%	800 元
	20 万元以上部分	85%		/

前往嘉兴市外定点医疗机构就诊，办理转诊备案，符合医保支付范围的医药费自费 10% 后（未办理自费 20%），统一按照三级医药标准支付。

四、基本医疗保险案例解析

案例 1

基本医疗保险补缴后的追溯报销

（一）案例简介

某公司员工钱某因单位竞争压力大，辞职后考取公务员，因辞职备考期间基本医疗断缴，钱某无法享受有关医疗待遇，补缴后是否能报销断保期间的医疗费？

（二）处理结果

根据嘉兴地区政策，职工医保按照"当月缴费次月享受"原则享受医疗补助待遇，断缴次月起停止享受医保待遇。中断期间不享受医保待遇。

（三）相关依据

嘉兴市《嘉兴市基本医疗保障暂行办法》第十一条用人单位和个人必须按时、连续参保缴费，按照"当月缴费次月享受"的原则享受医疗保险待遇。中断缴费3个月内的，自缴费次月起享受职工基本医疗保险待遇；中断缴费3个月以上的，视作中断参保，须连续缴费满3个月后，方可享受职工基本医疗保险待遇。

案例 2

复转军人安置到企业后基本医疗保险转移接续办理

（一）案例简介

蔡某，原部队退役军转干部，2021 年 11 月 12 日转业到某公司。蔡某向该公司提交了《军人退役医疗保险个人账户转移凭证》，申请为其办理转移接续。

（二）处理结果

2021 年 12 月 10 日，该公司为蔡某办理社会保险登记并开始缴费，并将医疗保险个人账户转移凭证提交至属地医保局，办理基本医疗保险转移接续。

（三）相关依据

《退役士兵安置条例》（国务院令第 608 号）第四十七条 退役士官到各类用工单位工作的，应当随所在单位参加职工基本医疗保险；以灵活方式就业或者暂未实现就业的，可以参加职工基本医疗保险、城镇居民基本医疗保险或者新型农村合作医疗。退伍士兵参加基本医疗保险的，其军人退役医疗保险金，按照国家有关规定转入退役士兵安置地的社会保险经办机构。实行工龄视同参加基本医疗保险缴费年限规定的地区，退役士兵的服役年限视同参保缴费年限。

五、业务经办风险点提醒

（1）参保人员在异地就医前，须先将个人信息录入医保信息系统库进行备案。未进行异地就医备案的职工，个人自负比例将相应提高 10%，需在员工就医前做好提醒。

（2）基本医疗保险中断会对参保人员享受基本医疗保险待遇存在影响。在中断参保期间和等待期发生的医疗费用，医保基金不予支付。

（3）参保人员达到法定退休年龄时，累计缴纳医疗保险费年限不满足属地医保政策要求年限的，可以在办理退休手续时，按照属地政策进行一次性补缴或延缴后，才能正常享受职工医保退休人员待遇，否则不能享受退休医保待遇。

六、基本医疗保险相关政策

1. 嘉政发〔2024〕22 号《嘉兴市人民政府关于印发嘉兴市基本医疗保障办法的通知》

2. 嘉医保〔2022〕35 号《关于印发嘉兴市贯彻落实医疗保障待遇清单制度实施办法的通知》

第五章 生育保险政策及实务

一、生育保险基本情况

（一）生育保险基本介绍

生育津贴指对职业妇女因生育而离开工作岗位期间，给予的生活费用。生育津贴是国家给予女性职工的一项福利，用于保障女性职工在生育期间的收入损失。

（二）生育保险实施对象

参加生育保险且连续缴费满 6 个月的女职工本人和参加生育保险且连续缴费满 12 个月的男职工未就业配偶，在生育或者实施计划生育手续可以享受生育保险待遇，未满连续缴费月份的可待其缴满后回溯支付。

（三）缴费申报、缴费比例

单位应当在用工当月为职工申请办理职工生育保险参保手续，按照"当月缴费次月享受"的原则享受生育保险待遇。保险费用由用人单位按月缴纳，用人单位以本单位在职职工年度缴费基数和为基数，按 0.5% 缴纳。

二、生育保险业务经办

（一）人员登记、在职增减员变动

与基本医疗保险操作申报同步，无需额外申报。

（二）缴费申报

社保经办人员根据系统导出的数据编制月度保险计提明细表，费用每月自动托收给地方税务局。

（1）生育保险缴费计提：报销（社保）经办人员计算当月医疗保险月度缴纳金额形成月度缴纳清单，在 ERP 保险核算模块（Z00HRXC0012）输入生育保险的缴费基数、缴费比例，自动计算出缴费金额后，由公司财务过账后完成工伤医疗保险单位缴费金额计提核算操作。

（2）支付发起：报销（社保）经办人员填写月度缴纳清单，签字盖章后提前一月在财务报销系统完成资金预约，并在次月与财务提供的社会保险费缴费申报表数据核对无误后发起已支付业务报销流程。

（3）支付递交：报销审批流程结束后，经办人需在财务报销系统打印对应审批单据，提交报销资料至财务部门，财务审批后完结流程。支援集体人员医疗保险费用需由集体企业打款至主业账户，经由主业发起"付款申请"流程，完成托收费用闭环。

三、生育保险结算

职工参保并缴纳生育保险，女职工本人生育的享受生育津贴和生育医疗费；职工未就业配偶生育，符合要求的享受生育医疗费。

生育津贴：按职工所在单位上年度职工月平均工资 ÷30 天 × 可享受产假天数计发。

其中，可享受产假天数根据生育方式的不同而有所差异，具体见表 5-1。

表 5-1 　　　　　　　　可享受产假天数

生产（流产）方式、孩次	胎儿数	生育津贴发放天数		
		合计	发放天数	延长产假天数
顺产一孩	单胎	158	128	30
	双胎	203	143	60
	三胎	218	158	60
顺产二孩	单胎	188	128	60

续表

生产（流产）方式、孩次	胎儿数	生育津贴发放天数		
		合计	发放天数	延长产假天数
顺产二孩	双胎	203	143	60
	三胎	218	158	60
顺产三孩	单胎	188	128	60
	双胎	203	143	60
剖宫产（助娩产）一孩	单胎	173	143	30
	双胎	218	158	60
	三胎	233	173	60
剖宫产（助娩产）二孩	单胎	203	143	60
	双胎	218	158	60
	三胎	233	173	60
剖宫产（助娩产）三孩	单胎	203	143	60
	双胎	218	158	60
多生育一个婴儿再增加 15 天				
未满 4 个月流产	—	15		
4（含）至 7 个月以下流产	—	42		
满 7 个月及以上流产	—	98		

生育医疗费：包括生育医疗费（含产前检查）和计划生育手术医疗费，在职女职工生育医疗费直接医保结算，不进行定额核算，男职工未就业配偶生育仅按照定额发放生育医疗费。

四、业务经办风险点提醒

（1）符合生育津贴申领条件，且生育当月的医保缴费费用到账后方可申报，申报截止时间原则上为生育次年年底。

（2）异地甚至是国外生产，生育津贴申领不受影响。

（3）若在嘉兴市域外国内其他城市的医保定点医疗机构生育的，对于纳入基本医疗保险范围内的费用按规定比例报销。若在非医保定点机构生育或是在国外生育的，不享受生育医疗费。

（4）相关生育医疗费用可直接刷卡支付。

五、生育保险相关政策

1. 嘉政发〔2024〕22号《嘉兴市人民政府关于印发嘉兴市基本医疗保障办法的通知》

2. 嘉医保〔2022〕35号《关于印发嘉兴市贯彻落实医疗保障待遇清单制度实施办法的通知》

第六章　公积金政策及实务

一、住房公积金基本情况

（一）住房公积金基本介绍

住房公积金，是指国家机关、国有企业、城镇集体企业、外商投资企业、城镇私营企业及其他城镇企业、事业单位、民办非企业单位、社会团体及其在职职工缴存的长期住房储金。职工所在单位为职工缴存的住房公积金和职工个人缴存的住房公积金，属于职工个人所有。住房公积金单位和个人同时缴纳。

（二）住房公积金实施对象

与公司建立劳动关系、签订劳动合同的职工。

（三）住房公积金业务内容

住房公积金业务主要包括人员新增、人员减少、补缴、单位缴纳月度住房公积金支付业务、住房公积金转移、住房公积金缴存人信息变更、住房公积金基数调整等业务。

（四）缴费基数、缴费比例

每年参保单位需根据职工上年度工资收入对本单位住房公积金缴费基数进行调整，待上年在岗职工平均工资公布后，由单位经办人申报公积金新缴费基数（新基数超上限的填写上限数，在上限和下限之间的填写实际工资，低于下限的填写下限数），住房公积金管理服务中心按规定程序将参保单位申报的缴费工资核定入库。公积金基数实行上封顶、下保底的原则，启用新缴费基数后，单位须做好补收、补退工作，与启用当月的公积金收缴一并结算。住房公积金的缴费比例按照住房公积金管理服务中心规定的费率执行，目前最高缴费比例单位和个人均为12%。

二、住房公积金业务经办

1. 人员新增

因招聘、跨单位组织调入、接收毕业生和复转军人等事项发生人员增加的，单位社保经办人员根据新增人员的性质进行申报，新参加工作的职工从参加工作的第二个月开始缴存住房公积金，单位新调入的职工从调入单位发放工资当月起缴存。新参加工作的职工、系统外单位新调入的职工月缴存基数为缴存第一个月本人当月工资。原则上月缴存基数上限不得超过职工工作地所在设区城市统计部门公布的上一年度职工月平均工资的 3 倍，具体标准根据属地住房公积金管理机构发布的文件执行。

2. 人员减少

因解除或终止劳动合同、跨单位调动、在职死亡等事项发生职工减少的，单位社保经办人员应及时办理住房公积金终止缴费手续。

3. 补缴和退缴

（1）补缴：单位有下列情形之一的，应当为职工补缴欠缴的住房公积金：新录用职工或调入职工未按时缴存的；因故漏缴、少缴的；补缴缓缴的；单位逾期未缴的；其他需要补缴的。单位办理补缴住房公积金的，应当填写《嘉兴市住房公积金补缴清册》，补缴月数超过 6 个月的还需提供社保明细。

（2）退缴：单位因错缴、多缴职工住房公积金的，可以申请退缴，办理时填写《嘉兴市住房公积金补缴清册》。

4. 缴费申报

单位社保经办人员根据缴费当月每个职工缴费基数乘以缴费比率之和计算缴纳金额，经办人每月月底与政务网核对当月缴费金额，次月初汇缴至当地住房公积金管理服务中心指定账户。

5. 住房公积金支付申请

（1）住房公积金计提：在"经常性支付/扣除"模板填写个人、单位月度缴纳数，在 ERP 人资集中部署系统薪酬管理模块批量导入系统，作为个人、单位月度支付公积金的扣款数，过账到财务，作为单位、个人住房公积金的计提数。

（2）支付发起：报销（社保）经办人员填写月度缴纳清单，每月月底与政务网核对缴费金额后盖章，提前一月在财务报销系统费用报销下的保险及税金科目完成资金预约，提交报销流程。

（3）支付递交：报销审批流程结束后，经办人需在财务报销系统打印对应审批单据，提交报销资料至财务部门，财务在每月 5 个工作日前汇缴至住房公积金指定账户，支援集体人员住房公积金需在当月月底或次月月初前打款至主业账户，经由主业提前一月或月初发起"付款申请"流程后，代缴至住房公积金指定账户。

（4）银行托收：保险经办人与政务网核对月度缴费。具体分两种情况，一是无需走电子报账银行次月初自动扣款；二是在银行托收后走已支付业务报销流程，财务无需付款。

6. 住房公积金转移

因职工跨市工作调动、离职等需要办理住房公积金转移，可通过全国住房公积金微信小程序、浙里办 App 等办理。

（1）异地转出，职工到嘉兴市以外地区工作，原单位个人账户封存满 6 个月，已在调入地设立住房公积金账户且缴满 6 个月，并在本市无未结清住房公积金贷款（含组合贷款、商转公贷款）的，可向调入地公积金管理部门申请将在本市缴存的住房公积金转出至调入地设立的住房公积金账户。

（2）异地转入，职工由本市以外地区到本市工作，已在本市设立住房公积金账户并正常缴存满 6 个月的，可向本市公积金管理部门申请将在调出地缴存的住房公积金转入至在本市设立的职工住房公积金账户。

7. 缴存人信息变更

缴存单位经办人对缴存人的学历、固定电话、邮政编码、职务、职业、职称、婚姻状况、家庭住址、家庭收入基本信息进行变更并提交中心进行审批的业务。

三、住房公积金的提取使用

1. 住房公积金的使用条件

住房公积金应当用于职工购买、建造、翻建、大修自住住房，任何单位和个人不得挪作他用。

2.住房公积金的提取条件

（1）购买、建造、翻建、大修自住住房；

（2）离休、退休；

（3）完全丧失劳动能力、并与单位终止劳动关系；

（4）出国定居；

（5）偿还自住房贷款本息；

（6）房租支出超出家庭工资收入规定比例的；

（7）支付自住住房物业费的；

（8）本市户籍与单位终止劳动关系满两年仍未重新就业的；

（9）非本市户籍职工与单位解除或终止劳动关系，未在异地继续缴存，账户封存满半年的。

注意：（1）依照"2.住房公积金的提取条件"中第（2）、（3）、（4）、（8）、（9）项规定，提取职工住房公积金的，应当同时注销职工住房公积金账户。

（2）职工死亡或者被宣告死亡的，职工的继承人、受遗赠人可以提取职工住房公积金账户内的存储余额；无继承人也无受遗赠人的，职工住房公积金账户内的存储余额纳入住房公积金的增值收益。

3.住房公积金提取方式

（1）线下提取。资料购房合同、发票、身份证、银行卡到所在地公积金窗口办理。

（2）线上提取。浙里办—我的—公积金—公积金提取，根据系统提示要求输入相关信息，并上传购房合同、购房发票和银行卡卡号等资料后提交即可。

四、住房公积金案例解析

案例

住房公积金的提取

（一）案例简介

王先生已在嘉兴工作了5年，并缴了5年的住房公积金，2022年王先生在嘉兴市买了一套商品房，现想提取住房公积金，需怎么办理？

（二）处理情况

根据《嘉兴市住房公积金提取管理实施细则》中提取范围和对象的规定，王先生购房满足细则第二章第五条的第一点购买自住住房（含购买商品房、二手房、拆迁安置房、房改房或保障性住房等自住住房），所以可以申请提取住房公积金，具体有下列两种提取方式：

（1）线上提取。登录浙里办，点击右下角我的，找到公积金图标，人脸识别后点击公积金提取，选择购买自住住房提取，再次人脸识别，点击购买省内新建商品房，选择申请人本人办理后确定，选择是否属于高层次人才（是或否），选择申请人与购房人关系（选本人）后确定，选取嘉兴，输入合同编号、输入提取金额（到百元）、输入银行卡卡号、输入银行卡预留手机号点击下一步，上传购房发票—购房合同（首页、有地址、金额页），核对信息无误后点击提交即可。

（2）线下提取。携带购房合同、发票、身份证、银行卡到所在地公积金窗口办理。

（三）相关依据

根据《关于印发〈嘉兴市住房公积金缴存管理实施细则〉等三个细则的通知》（嘉公积金〔2020〕19号）的嘉兴市住房公积金提取管理实施细则的提取条件和材料及提取程序相关规定。

五、业务经办风险点提醒

1. 新参加工作的职工，从参加工作的第二个月开始缴存住房公积金，月缴存额为职工本人当月工资乘以职工住房公积金缴存比例。

2. 单位新调入的职工，从调入单位发放工资当月起缴存住房公积金，月缴存额为职工本人当月工资乘以职工住房公积金缴存比例。

3. 人员增减时注意连续性，转入单位和转出单位要做好参保时间上的衔接，要在同一天完成增减工作，确保公积金不中断。

4. 个人月缴存额和单位月缴存额计算时采用"四舍五入"法。

六、住房公积金相关政策

1. 住房公积金管理条例（2019 年修订）

2. 关于印发嘉兴市住房公积金缴存管理实施细则等三个细则的通知（嘉公积金〔2020〕19 号）

3. 关于开展 2024 年度企业住房公积金缴存基数调整工作的通知（嘉公积金〔2024〕19 号）

第七章　意外伤害险政策及实务

一、团体意外伤害险基本情况

（一）团体意外伤害险基本介绍

团体意外伤害保险是以团体方式投保的一种人身意外保险。但它的保险责任、给付方式与个人意外伤害保险是一样的。当职工发生因意外身故或残疾、因交通事故发生意外伤害、因疾病身故及全残等情况时，提供医疗费报销、住院津贴、身故或伤残补助保障。按照保险业的常见定义，意外伤害是指外来的、突发的、非本意的、非疾病的使身体受到伤害的客观事件。如：跌倒摔伤、交通事故、高坠、猫抓狗咬、猝死等。

（二）团体意外伤害险实施对象

与公司建立劳动关系、签订劳动合同，并依法投保团体意外险的单位在职职工。

（三）团体意外伤害险业务内容

团体意外伤害险业务主要包括投保业务、团体意外伤害险申报流程等业务。

（四）缴费申报、缴费比例

团体意外伤害险根据省公司文件规定，按公司当年度1月1日在册职工人数核定，按不同岗位保费标准缴纳。

二、团体意外伤害险业务经办

（一）投保业务

年初根据省公司通知梳理投保人员清单、按当年1月1日在册人员核定人数（包括在职死亡）、上报至保险公司、由保险公司核算缴纳金额、保险公司寄缴费通知书、保险经办人员提前一月在财务报销系统完成资金预约、提交流程、并汇缴至保险公司指定账户。

（二）团体意外伤害险申报流程

1. 申报时间

必须距事故发生1年之内申报，如需要鉴定伤残的案件可延长至2年，理赔180天内的费用。

2. 申报资料

基本资料：理赔申请书、身份证及银行卡复印件、意外事故证明。

意外医疗资料：门急诊病历及检查报告复印件（住院则提供出院小结及费用清单复印件），发票原件（涉及第三方支付的须提供第三方给付证明原件，如医疗费用结算单）。

身故资料：门急诊病历及检查报告复印件（住院则提供出院小结及费用清单复印件）、受益人身份证复印件、受益人关系证明复印件、死亡证明复印件、保险金给付约定书。

残疾资料：残疾程度鉴定书、病历及检查报告复印件（住院须提供出院小结及费用清单复印件）。

3. 申报流程

单次赔付金额不超过1万元的申报流程：被保险人/受益人在事故发生10日内向单位经办人报案，如是特殊重大案件单位经办人须向上级单位和省公司报案，被保险人/受益人收集资料，被保险人/受益人微信扫码关注公众号，注册个人信息确认绑定，点"我的空间"选择"理赔服务"，安卓手机点团单理赔（苹果手机不用点），填写个人理赔信息签字确认（包括银行卡户名账号），上传医疗发票及相关材料并确认提交。

单次赔付金额超过 1 万元的申报流程：被保险人 / 受益人在事故发生 10 日内向单位经办人报案，如是特殊重大案件单位经办人须向上级单位和省公司报案，被保险人 / 受益人收集资料递交资料，单位经办人接收资料，单位经办人将资料寄到保险公司，保险公司初审复核后，如不符合要求不予立案，如资料不齐重备资料，符合要求后核算给付赔款。

4. 团体意外伤害险赔付标准

意外医疗费：基本医保和补充医保以外由个人承担的费用，可予以部分报销。

意外住院津贴：职工发生意外，可按一定标准给予住院津贴。

意外身故或伤残补助：因身故的给予身故补助；因伤残的，按照伤残鉴定等级给予补助。

5. 团体意外伤害险支付申请

（1）支付发起：报销（社保）经办人员首先核定投保人员及人数、形成人员清单、由保险公司核算缴纳金额、保险公司寄缴费通知书、保险经办人员提前一月在财务报销系统费用报销下的保险及税金科目完成资金预约、当月确认无误后提交流程。

（2）支付递交：报销审批流程结束后，经办人须在财务报销系统打印对应审批单据，提交报销资料至财务部门，由财务审批后按汇缴时间要求汇缴至保险公司指定账户、保险公司寄发票到投保单位。

三、团体意外伤害险案例解析

案例1

某公司职工江某于 2022 年 6 月 30 日在走路时不小心被野狗咬了一下，其马上去医院打了狂犬疫苗针，自费了 400 多元。

处理结果：该职工及时将情况告知单位保险经办人后，答复可以申报意外伤害理赔，单次赔付金额 1 万元及以下职工本人可以在手机微信公众号中操作。该职工收到答复后很快将所需资料收齐，并在手机微信公众号中上传相关材料，保险公司审核通过后职工很快收到了理赔款。

案例2

某公司职工周某于 2016 年 7 月 9 日在旅游时不小心摔倒，当天送到当地医院核磁检查：胸椎，腰椎，尾骶椎多处横纹竖纹骨折与移位，后住院治疗。9 月 15 日后回到居住地继续康复治疗。职工自费 1 万多元。

处理结果： 该职工发生事故后第一时间将情况告知单位保险经办人，单位保险经办人立即向上级单位报案，并报保险公司备案。该职工收齐资料后交至单位保险经办人，经办人及时将资料寄到保险公司，保险公司审核通过后核算给付赔款。

四、业务经办风险点提醒

（1）因酒驾、无证驾驶、肇事逃逸、细菌感染、个人参加高风险项目等原因导致的意外，不属于理赔范畴。

（2）针对特殊重大案件，投保单位、被保险人或受益人应在事故发生 10 日内向上级单位报案，否则无法理赔。

五、团体意外伤害险相关政策

省公司每年年初发布年度团体人身意外伤害保险投保有关事项的通知。